Mit Hängen & Würgen

Bettina W., geboren 1974 in Nordrhein-Westfalen vorgeschädigt durch Struwwelpeter und Wilhelm Busch, die sie heute noch zitieren kann, fing irgendwann zu schreiben an.
Doch bei allem was sie niederschrieb, sich eine Endung an der anderen rieb. Da war mit dem Roman schnell Schicht und folglich folgte ein Gedicht.

Bettina W.

Mit Hängen & Würgen

Impressum

Bibliografische Information der Deutschen Nationalbibliothek:
Die Deutsche Nationalbibliothek verzeichnet diese Publikation in der Deutschen Nationalbibliografie; detaillierte bibliografische Daten sind im Internet über http://dnb.dnb.de abrufbar.

© 2013 Name des Autors/Rechteinhabers
(Bettina Wißkirchen)

Herstellung und Verlag: BoD – Books on Demand, Norderstedt

ISBN: 978-373-228-826-7

Inhaltsverzeichnis

Fatal Normal	6
Seefahrt	7
Heimspiel	8
Sommer	10
Unwohl	12
Auskunft	15
Hans	16
Kleiner Spaziergang	17
Die Anstalt	20
Anziehung	23
Erziehung	24
Ein Spatz	25
Allein	26
Innereien	27
Vorwärts	28
Etwas Besonderes	30
Danach	31
Der Andere	32
Zeit zu ruhen	34
Tatsächlich	35
Herrscher	36
Gefangen	38

Fatal Normal

Es war mit Abstand ihr schwärzester Tag,
die Nachricht traf sie wie ein Schlag.
Nasser Asphalt, die Kurve nicht geschafft,
die ganze Familie dahin gerafft.

Nicht der Mann der sie so liebt,
nicht die Kinder die sie gekriegt.
Nein, der Mann den sie begehrte,
auch wenn er sich noch dagegen wehrte.

Früher oder später wär sie sein gewesen,
eine Zigeunerin hatte es in ihren Händen gelesen.
So viel hatte sie auf sich genommen
und nun rein gar nichts dafür bekommen.

Gründlich war sie informiert,
den Wagen mit eigenen Händen manipuliert.
Und dann verleiht ihr Trottel von Ehemann,
das Auto an den Nachbarsmann.

Seefahrt

Wer voll Seetang an nackten Felsen erwacht,
dort wo noch nie ein Sonnenstrahl gelacht.
Wo alles Leid und Elend strandet,
der ist in des Meeres Rektum gelandet.

Alles was wir wollen entsorgen,
liegt an diesem Ort verborgen.
Hier kann es nicht schimmeln, nicht vergehen,
und sich auch nicht weiter drehen.

Hier bleibt sie, starr für alle Ewigkeit,
die Angst, die Trauer, die Boshaftigkeit.
All die miesen fiesen Taten,
all die unbezahlten Raten.

Alles was als Glück begann,
bevor das Schicksal es erhang.
Was durch die Finger durchgeronnen,
was beim Glücksspiel nicht gewonnen.

Was zu weit weg um es zu erreichen,
aus unseren Kellern all die Leichen
Hier liegen sie, mit starrem Blick,
und kehren nie ins Licht zurück.

Doch irgendwann werden wir vermissen,
womit wir heut nicht umgehen müssen.
Ein bisschen verzweifelt, vor Hoffnung ganz still,
graben wir dann in all dem Müll.

<u>Heimspiel</u>

Es ist ein wirklich gutes Haus,
die Bewohner sehen zufrieden aus.
Tatkräftig scheint das Personal
und auch ausreichend an der Zahl.

Man befindet die Eltern für gut aufgehoben,
der Preis sagt uns: „Sie sind nicht abgeschoben."
Des Sonntags kommt man zu Besuch,
bringt Blumen, Pralinen, vielleicht ein Buch.

Lädt auf Kaffee und Kuchen ein,
zieht meuternde Enkel hinterdrein.
Und in den nächsten Stunden ist zu sehen,
wie's einem selbst mal wird ergehen.

Hier von der Außenwelt abgeschnitten,
möchten wir gerne um Aufschub bitten.
Ehe es für uns dann so weit ist,
und man in die gestärkten Laken pisst.

Denn gleich nach Betreten dieser Hallen,
beginnt uns die Ruhe auf die Nerven zu fallen.
Man beginnt immer häufiger auf die Uhr zu sehen,
will dem Laden endlich den Rücken drehen.

Die Eltern wirken still und unkonzentriert,
wir fühlen uns mit dem eigenen Ende konfrontiert.
Seit sie in diesem Heim hier leben,
scheinen sie sich aufzugeben.

Natürlich würden wir lieber sehen,
wie sie noch mitten im Leben stehen.
Doch wurde der Alltag für sie zur Qual,
wir hatten wirklich keine Wahl.

Wir verabschieden uns zum Abendbrot,
die frische Luft tat wirklich Not.
Man nimmt es den Eltern ein bißchen krumm,
es läuft jetzt fast jeder Sonntag so dumm.

Wir haben einen Besuch gemacht,
aber pausenlos nur an uns gedacht.
Und auf dem Heimweg flüstern wir uns ein:
„Es ist ein wirklich gutes Heim."

Sommer
Für heute hab ich meine Pflicht getan,
und schick mich nun zu gehen an.
Und wie so oft zöger ich -die Klinke in der Hand-
als wär sie die Schwelle zu einem anderen Land.

Denn ein Gefühl reist oft mit mir mit,
sobald mein Fuß ein Haus betritt.
Die Türen gleiten leise zu,
ich bin umgeben von künstlicher Ruh,

ich gehe nicht einfach nur hinein,
vielmehr dringe ich in einen fremden Kosmos ein.
Ich würd den Gedanken gern von mir weisen,
aber die Welt da draußen beginnt zu entgleisen.

Zu gern möcht ich umkehrn, einmal noch.
Mein Verstand zwingt mich jedoch,
so zu tun, als sei's nicht wahr,
als wär dies alles später noch da.

Und während hier drin der Alltag beginnt,
ein achtbeiniges Wesen die Erde umspinnt.
Flirrende Hitze wabert über das Land,
verkocht alles Leben zu staubigem Sand.

Büsche, Bäume, Mensch und Tier,
vertrocknen einfach zu knisternd Papier.
Im Zeitraffer rosten die Fahrzeuge weg,
stehen, von dürren Schlingpflanzen bedeckt.

Der Wind fegt durch den Straßenstaub,
trägt das trocken raschelnde Laub.
Hebt an zu jaulen und vergeht
Hier ist meine Hand, die noch immer über der Klinke schwebt.

Ein sanfter Druck, ein kleiner Stoß,
mein Atem stockt -ein wenig bloß.
Die Tür schwingt auf, ich trete hinaus,
mein Herz jagt einen Trommelwirbel voraus.

Und erleichtert stell ich fest,
mein Wagen, der Parkplatz, der ganze Rest,
alles liegt noch genauso da wie in der Früh,
als ich grad angekommen war.

Unwohl

Ich komme gerne in dein Haus,
löffel einen Joghurt aus.
Nimm den leeren Becher mit,
kratz aus deinen Fenstern Kitt.

Mal hänge ich die Bilder um,
drehe einen Stuhl herum.
Auf dein Kissen leg ich ein Haar,
das bestimmt nie deines war.

Ich lass die Herdplatten ein bisschen an,
damit deine Hand noch flüchtige Wärme fühlen kann
Ich spiel mit deiner Eisenbahn,
und lass sie aus den Gleisen fahrn.

Ich verstell die Sender an deinem Radio,
benutze ausgiebig dein Klo.
Ich fütter deine Katze rund,
früher wirkte sie so gesund.

Ich weiß die Furcht schleicht sich heran,
wenn man nicht sicher gehen kann.
Ein dumpfes Gefühl, das dir dann sagt,
dass die Zeitung heut früh noch anders lag.

Du fühlst dich nie mehr ganz allein,
lässt ungern andere Menschen rein.
Einer von denen - könnt ja sein-
ist vielleicht das miese Schwein.

Ob du fern siehst oder liest,
den Abwasch machst oder Blumen gießt,
ständig schweifen die Gedanken ab,
hälst dich selbst ganz schön auf Trab.

Denn kaum drehst du der Türe Knauf,
blühen die Neurosen auf.
Du beginnst die Inspektion,
vom Keller bis hin zu dem Balkon.

Du hast nur Indizien und willst den Beweis,
wer zum Teufel macht nur diesen Scheiß?
Doch noch viel bedrohlicher die Gefahr,
dass außer dir hier nie jemand war.

Immer horchst du zum Nebenraum,
und jede Nacht der gleiche Traum:
Du gehst weg, schleichst dich zurück,
wirfst durch das Fenster einen Blick.

Siehst jemanden in der Küche stehn,
kannst die Gestalt nur von hinten sehn.
Dann plötzlich und mit einem Satz,
steht sie vor deinem Fensterplatz!

Schreien willst du, und kannst es nicht,
starrst in dein eigenes Gesicht.
Ich komme gerne in dein Haus,
für mich, der reinste Seelenschmaus.

Auskunft

Ich hab da nur mal eine Frage,
bevor ich hier was Falsches sage.
Die Dame, die von nebenan,
hat die eigentlich einen Mann?

Kennst Du sie vielleicht etwas genauer?
Dann mach mich doch mal etwas schlauer.
Wie würdest du spontan entscheiden,
findste se doof, oder machse se leiden?

Führt sie ein Leben, das man ehrenwert nennt,
oder hat sie mit der halben Stadt gepennt?
Verlässt sie im Morgengrauen das Haus
oder kommt sie vielleicht dann erst nach Haus?

Würde sie Schlechtes an dir finden?
Besitzt sie Gerechtigkeitsempfinden?
Auf welcher Seite sinkt die Schale,
ist sie Freund oder Rivale?

Doch wie immer du sie auch bemisst,
entscheidend ist, wie du so bist.
Denn deine Sicht auf diese Welt
ist die, mit der dein Urteil fällt.

Hans

ist der Mann aus meinem Kleiderschrank,
dessen Skelett man gestern fand.
Er muss dort überwintert haben,
ich dachte, ich hätte ihn vergraben.

Ich weiß noch wie er hineingekrochen,
jetzt ist er nur ein Haufen Knochen.
Nicht dass ich wirklich um ihn weine,
nicht mal beim Anblick seiner Gebeine.

Leider werde ich jetzt verhört,
er ist ja in meinem Schrank verdörrt.
Nun gut, ich hab den Schrank verschlossen,
und zweimal durch die Tür geschossen.
Was fängt der unglückselige Tropf,
die Kugeln auch mit seinem Kopf?

Warum musst ich's nur versäumen,
seinen Leichnam fortzuräumen?
Nun führt man mich ab, genau deswegen.
Ach, Ordnung ist das halbe Leben.

Kleiner Spaziergang

Wir befinden uns in einem Waldgebiet,
welches weit außerhalb des Stadtkerns liegt.
Ein schmaler Weg führt den Berg hinan,
von dessen Höhe man ins Tal sehen kann.

Er schlängelt sich unter einem Blätterdach,
durch das in Flecken die Sonne lacht.
Von der kleinen Brücke, die man überqueren muss,
erspäht man lauschige Plätzchen im Überfluss.

Und links und rechts am Wegesrand,
grünt und blüht so allerhand.
Doch nirgendwo auf weiter Flur,
sieht man bloß einen Menschen nur!

Niemand der spazieren geht,
kein Fahrrad an einen Baum gelegt?
Kein einziger Kerl treibt hier seinen Sport,
keine liebenden Paare an diesem verschwiegenen Ort?
Im ersten Moment ist man entzückt,
hofft es sei einem endlich geglückt,
sich aus dem Trubel zu befrein,
um völlig ungestört zu sein.

Doch jede Minute, die wir hier verbringen,
lässt uns mühsamer um Atem ringen.
Wir werden nervös, schauen hektisch herum.
Nur Bäume und Stille um und um.

Eine unheimliche Ruhe in diesem Reich,
unsere Härchen stellen sich igelgleich.
Ein Wald, in dem man gar nichts hört?
Kein Piepmatz der die Ruhe stört?

Kein Zirpen, kein Quaken, kein Gesang
nur der eigenen Schritte Klang.
Wo nicht einmal Insekten sind,
leuchtet ein, dass was nicht stimmt.

Noch während wir uns zur Gelassenheit zwingen,
entfliegt unsere Phantasie auf grausigen Schwingen.
Auf einmal wird uns sonnenklar,
es war die ganze Zeit schon da!

Es hat in den Schatten auf uns gelauert,
sich hinter Baumstümpfe gekauert.
Um uns in Angst und Panik zu versetzen
und uns durchs Unterholz zu hetzen.

Es wird uns fangen, in Stücke reißen,
und unsere Überreste in die Büsche schmeißen.
Ein leichter Geruch von verfaultem Fleisch,
warum bemerkten wir ihn nicht gleich?

Es will unser Herz und zwar scheibchenweise,
es schleicht sich heran, so schrecklich leise.
So still, das wir glauben hören zu können,
wie seine Bewegungen lautlos die Luft durchtrennen.

Um nur einen Hauch von Leben zu erlangen,
muss es unseren Atem fangen.
In blinder Panik stürmen wir los!
Wo steht das verdammte Auto bloß?

Mit einem Satz springen wir hinters Steuer,
auf den Fersen ein furchtbares Ungeheuer.
Die Fenster zu, die Verriegelung runter,
so rasen wir blind den Berg hinunter.

Haltung ist uns gerade schietegal
in Würde sterben? Ein andermal!
Mit Vollgas in den Stadtverkehr,
bremsen will man so schnell nicht mehr.

Es wird eine lange Zeit vergehen,
ehe wir wieder ein Wäldchen sehen.
Denn wirklich sicher sind wir nie,
was ist Wald, was Phantasie?

Die Anstalt
Ein Mensch, der offiziell den Verstand verliert,
wird in stiller Begleitung hierher chauffiert.
Bewacht von zwei ungehobelten Riesen,
die jeden Gedanken an Flucht vermiesen.

Unförmige, glatt rasierte Köpfe,
verstärken das Bild, unsensibler Geschöpfe.
Es scheint, dass sie dir den Kiefer brechen,
ist weit weniger schlimm, als würden sie sprechen.

Auch der Umstand dass sie Kittel tragen,
erhöht nur noch dein Unbehagen.
Denn Männer in Weiß ist uns bekannt,
haben sich oft selbst zu Höherem ernannt.

Was ist es auch anderes, wenn man entscheidet,
wer geheilt wird und wer leidet?
Sie haben es schließlich in der Hand,
und greifen schamlos nach unserem Verstand.

Welcher Irre bitte sehr,
glaubt denn er käme zu recht hierher?
„Ich war nicht Herr meiner Gedanken,
mein Geiste war frei von allen Schranken."

Ganz laut war die Stimme, die sagte mir:
„Nimm ruhig sein Ohr, es gehört Dir!"
Wer überlegt denn da noch lang,
ob man das wohl machen kann?

Und jeder, der den Richter überzeugen kann,
der zieht nach dem Urteil die Zwangsjacke an.
Man fährt ihn zu dem Mann der hier oben regiert,
und dessen Name das Türschild ziert.

Ein Mensch, in dessen Herz die Sonne nie lacht,
unserem Sigmund aber hätte viel Freud gemacht.
Seine Mutter versehen mit Glorienschein,
dem Vater stets ein Rivale sein.

Und dieser Mensch, ob man's glaubt oder nicht
sieht es nun als seine Pflicht,
Patienten die man zu ihm gefahren,
in alle Ewigkeit zu verwahren.

Er könnte auch keinen von ihnen entlassen,
da Einigen die Experimente so gar nicht passen.
Es ist ja bekannt wie undankbar,
der menschliche Wurm schon immer war.

Ein bisschen Strom, ein bisschen schneiden,
nun ja, sie sind nicht zu beneiden.
Doch wer der Gesellschaft Achtung verliert,
der wird halt langzeittherapiert!

Moralisch gibt's da nichts zu maulen,
wenn unter uns die Äpfel faulen,
muss einer gehen und sie sortieren,
oft sind es ja schon zwei von vieren.

Nein, nein es wird sicher besser sein,
wir liefern sie alle schon vorher ein.
So kommt hier auch her wer sich nicht fügt,
wer den Anforderungen nicht genügt.

Will man die armen Seelen bevor sie versagen,
müssen wir ein Auge auf einander haben.
Schließlich verfolgen wir alle die gleichen Ziele,
und gute Nachbarn gibt es viele!

<u>Anziehung</u>

Wenn nach einem langen Regentag,
die Sonne sich noch einmal zeigen mag.
Heb ich die Hand und wink ihr zu,
schon fragt man mich: „Was machst denn Du?"

Wenn ich durch einen Baumarkt geh,
auf roter Tür „VERBOTEN!" seh,
kann ich nicht anders, lug kurz rein,
darin muss ein Geheimnis sein!

Das ist verboten! Nicht erlaubt!
Wird nicht unbesehen geglaubt.
Gibt's einen Grund für die Gefahr,
dann findet man ihn bestimmt doch da!

Dass ich schneller bin als die Bahn,
wusst' ich erst, als ich ihr entkam.
Versorgungstreppen muss man begehen,
sonst weiß man nicht, wofür sie stehen.

Oft wurde mir darum gesagt,
dass so etwas kaum jemand mag.
Hier bin ich gern ganz ehrlich bei,
es ist mir einfach einerlei.

Erziehung

Oft leidet er unter seiner strengen Hand,
mit Worten kaum sonderlich gewandt,
teilt sein Vater lieber Schläge aus,
er ist halt der Herr im Haus.

(Will meinen er ist nicht so gescheit,
dafür latent gewaltbereit.)
So flüchtet der Junge in eine Welt,
zu der niemand sonst von ihm Zutritt erhält.

Dort vertreibt er Bösewichter aus der Stadt,
schlägt schnaubenden Drachen die Köpfe ab.
Befreit das Dorf von sieben Plagen,
wird gefeiert und zum Ritter geschlagen.
Befährt das Meer fliegt durch das All,
bewahrt die Welt vor dem großen Knall.

Doch manchmal, da lehnt er nur an einem Baum
Und träumt den allerschönsten Traum.
Die Mutter ruft: Es sei an der Zeit,
sie halte für ihn eine Überraschung bereit.

Da kommt er durch die Felder nach Hause gerannt,
mit einem Strauß Blumen in der Hand,
die Mutter hat hübsch den Tisch gedeckt
und feierlich die großen Kerzen angesteckt.

Die Totenwache im Nebenzimmer,
sein Vater im Sarg – nun friedlich für immer.

<u>Ein Spatz</u>
Es sitzt ein Spatz auf einem Baum,
er ist so klein man sieht ihn kaum.
Und träumt davon wie das wohl wär,
ein Leben als großer starker Bär.

Er würde nicht tschilpen sondern brüllen,
die Katz im Morgengrauen killen.
Der ganze Wald der wäre sein.
Ach, und ständig wär er ganz allein.

Denn andere Bären gibt es nicht,
und aus fremden Wäldern die mag er nicht.
Und wenn ein jeder Spatz nun wär ein Bär,
dann macht ein einzelner auch nichts her.

Da sitzt der Spatz auf seinem Baum,
verabschiedet sich von seinem Traum.
Und glaubt ganz hoffnungsvoll daran,
das auch ein Spatz die Katze killen kann.

Allein

Hager liegt er in den Laken,
schwer traf ihn der Lagerhaken.
In seinem Kopf sprang was entzwei,
jetzt hört er Stimmen, so circa drei.

Von diesem inneren Geschehen
ist ihm jedoch nichts anzusehen.
Er liegt ganz still, doch ruht er nicht,
weil ständig jemand zu ihm spricht.

Gebannt lauscht er den fremden Worten,
die frisch geschlüpft durch geheime Pforten,
irgendwo in ihm entstehen,
und lassen ihn bleiche Gesichter sehn.

Gesichter die ihm vertraut erscheinen,
die mit ihm lachen oder weinen.
Es ist als kehrten Freunde heim,
und er ist niemals mehr allein.

Innereien

Er ist ein Mensch wie du und ich,
nur inhaltlich da stimmt was nicht.
Er gibt auf sich acht, er pflegt sich sehr.
Doch charakterlich ist es nicht weit her.

Vielleicht das größte seiner Probleme,
von vornherein verkorkste Gene?
Würde man ihn dazu befragen,
er finge sofort an zu klagen.

Denn Fehler macht er selber nie,
die „Anderen" versauen ihm stets die Partie.
Natürlich ist ihm wohl bewusst,
dass ein jeder ihn beneiden muss.

Darum sind die Wege die er geht,
so oft mit Steinen übersät.
Keiner versucht sich anzupassen,
niemand will ihm seinen Willen lassen.

Kompliziert hat er es nicht so gern,
Anstrengungen liegen ihm eher fern.
Genau dieser Job! Die Frau! Der Hauptgewinn!
Wo ist die Abkürzung dorthin?

Ein Stück weit kann ich ihn verstehn,
einen kleinen Teil in meinem Innern sehn.
Ab und an zerr ich ihn ans Licht
denn ganz ohne ihn, geht es wohl nicht.

Vorwärts

Es ist nicht leicht es einzusehen,
doch manchmal bleiben wir in unserer Entwicklung stehn.
Zu spät merken wir, dass es nicht weiter geht,
weil uns jemand im Wege steht.

Denn wir sehen ihn als Gefährten,
als Geliebten und Begehrten,
und kommen nicht zu dem Entschluss,
dass man um ihn herum gehen muss.

Wir glauben wir sind wo wir sein wollen,
weil wir unseren Herzen keine Aufmerksamkeit zollen.
Weil es nicht mehr ICH jetzt heißt,
sondern uns ein WIR zusammenschweißt.

Und wenn man jemanden liebt und achtet,
wird der nicht einfach zur Seite verfrachtet.
Anstatt also hinter unsere Schatten zu blicken,
wollen wir stur keinen Zentimeter mehr rücken.

Im schlimmsten Fall ist man noch dumm,
und kehrt auf halbem Wege um.
Vielleicht wagt man aber einen Ausfallschritt,
flitzt vorbei fragt „ Kommst Du mit?"

Was dann passiert ist einerlei,
Hauptsache der Weg ist wieder frei.
Man kann die Sonne wieder sehen,
und schnurstracks auf den Horizont zugehen.

Manchmal haben wir auch Glück
und er begleitet uns ein Stück.
Nicht aus Angst, dass wir ihm grollen,
bloß, weil wir in die gleiche Richtung wollen.

Etwas Besonderes

Es ist schon so, dass es dir gefällt,

wenn man dich für anders hält.

Seit Jahren kultivierst du schon,

einen deutlich unangepassten Ton.

Auch ist deine Argumentation,

meist nur kaum verborgener Hohn.

Deine Exzentrik wohl dosiert,

wirkt viel eher selbstverliebt.

Und wehe jemand merkt mal nicht,

welch freier Geist da zu ihm spricht.

Doch das umgehst du inzwischen schon,

erklärst dich gleich zur Unangepasstheit in Person.

Denn ein Mensch ohne Erinnerung an dich?

So etwas duldest du einfach nicht.

Ich wünsche dir etwas mehr Geduld,

und weniger von diesem Eigen-Kult.

Du bist ein ganz besonderes Exemplar,
was du von dir sagst ist meistens wahr.
Doch manch einer fände es schon nett,
wenn er an dir noch was zu entdecken hät.

<u>Danach</u>
Hast du eine Vorstellung vom Tod
und wer danach in deiner Wohnung wohnt?
Glaubst, dass man sich ungern in Frage stellt,
aus Angst, dass man eine Antwort darauf erhält?

Wie oft hat dich eine Überraschung erfreut?
Wie oft hast du das Ungewisse gescheut?
Wie oft hast du vor deiner Tür gefegt?
Wie oft die Überzeugungen anderer gelebt?

Glaubst du, dass wir selbst entscheiden,
wann wir lieben und wann leiden?
Geschieht dies alles nach deinem Willen,
oder versuchst du fremde Sehnsüchte zu stillen?

Was lautet deine Motivation?
Und ihren Preis, kennst Du den schon?
Ich hoffe es wird nicht erst am Ende klar,
dass der Ganze Weg ein Irrtum war.

Der Andere
Hatte er nie daran gedacht,
oder die Augen einfach zugemacht?
Hatte ihm sein Gefühl nicht längst gesagt,
dass es da noch einen anderen gab?

Wollte sie ihn denn nicht mehr lieben?
War er ihr etwas schuldig geblieben?
War er ihr denn nicht genug?
Was war der Grund für den Betrug?

Hatte er ihr einmal zu wenig gesagt
dass er sie schrecklich gerne mag?
Wollte sie offiziell ihre Liebe beschwören,
und dann besiegeln mit ein paar Gören?

Wann hatte sie ihre Liebe an den Nagel gehangen?

Warum nur war die blöde Kuh aufs Eis gegangen?

Ausgerutscht und hingeschlagen,

von hohen Wellen fortgetragen.

Zu seinen Füßen angespült,

die Eingeweide ihm durchwühlt.

Kein Weg zurück? Kein Neubeginn?

War nun endgültig alles hin?

Nimm Schmerz, nimm Wut, gib Glaube her!

Ach, er wünscht es sich so sehr.

Einfach über seinen Schatten springen,

und sich zu vergessen zwingen.

Doch kann er nicht anders als er ist,

und für sie ist es besser wenn sie sich verpisst.

Zeit zu ruhen

Glaub ich, dass ich Schlechtes tue?
Ich verschaff dir doch nur Ruhe!
Ein böser Geist muss auch mal rasten,
vornehmlich unter schweren Lasten.

Du bist weder im Meer versunken,
noch unglücklich im See ertrunken.
Abgerutscht am Wegesrand,
am Gartengrill zum Steak verbrannt.

Frisch weg vom Fahrzeuge erfasst,
tief im Schlafe stumm erblasst.
Mit einem mörderischen Kerl gestritten,
vielleicht beim Rasieren zu tief geschnitten?

Vom Sanitäter strikt gemieden,
einfach brav dahin geschieden?
Nein, du lebst fröhlich mit einem Lächeln im Gesicht.
Ich bitte dich, das geht so nicht.

Ein kleiner Hieb und in die Kiste gelegt,
zugeschaufelt und Blätter darüber gefegt.
Auch hab ich dir ein Kreuz geschnitzt
und etwas Hübsches eingeritzt.
Bevor dies zufällig jemand liest,
das Unkraut längst darüber sprießt.

Tatsächlich
Egal was man dir über die Welt erzählt,
ganz anders wenn man es selbst erlebt.
Berichte wie der Wind die Blätter zum Tanz verführt,
aber fühle wie er dein Haar zerwühlt.

Du kannst erklären wie Blitz und Donner entstehen,
ganz anders dem Gewitter zuzusehen.
Wie es dunkelt von jetzt auf gleich,
wie der Sturm die Bäume peitscht.

Du weißt Käfer krabbeln und Schmetterlinge fliegen,
aber sieh wie sie sich auf Halmen im Winde wiegen.
Du hast auf deine Bilder grünes Gras gekritzelt,
jetzt spürst du wie es deine Füße kitzelt.

Du weißt, dass Vögel Federn haben,
und andere Tiere Pelze tragen.
Doch hat deine Phantasie nicht ausgereicht,
für das Gefühl wenn man darüber streicht.

Man muss nicht alles selbst erleben,
aber meist ist es schöner als darüber zu reden.

Herrscher
Früh wurde ihm die Macht gegeben,
des Manipulierens , dem Ziehen von Fäden.
Menschen sind für ihn nur Marionetten,
er macht sie glauben, er besäße was sie gern hätten.

Erstaunlich leicht wie er andere lenkt,
bloß weil er die richtige Dosierung kennt.
Er bringt sie zum Weinen und zum Lachen,
macht jedes Lamm zu einem Drachen.

Holt die Bestie in eine Welt,

in der sie brüllt wann es ihm gefällt.

Zeigt dem Rebell wie man sich fügt

und dem Gretchen wie man lügt.

Verspricht ihnen allen ein besseres Leben,

dann lässt er sie über dem Abgrund schweben.

Wer sich dort in die Tiefe spürt,

den Sturz ahnt, der nach unten führt,

wirft sich zurück an seine Brust,

und fleht, dass er ihm helfen muss!

Schon ist er da, lindert den Schmerz.

Verkrüppelt erneut ein weiteres Herz.

Das sich in größter Verzweiflung befand,

wohl dosiert durch seine Hand.

Gefangen

Sie will nicht wissen, was sie längst weiß.
Will nichts hören von dem Scheiß.
Will nicht glauben, dass dieser Mann,
ein solch widerwärtiges Schwein sein kann.

Außerdem würde es sie zwingen,
sich zu einer Entscheidung durchzuringen.
In ihrem Kopf entsteht ein Bild,
nachdem es sich zu entscheiden gilt.

Hat sie wirklich ausreichend Mut,
kundzugeben was er so tut?
Wie steht sie letztendlich selber da?
Die, die jahrelang seine Geliebte war?

Die Flucht nach vorn die bleibt ihr nur,
doch gehalten von einer unsichtbaren Schnur,
sitzt sie es aus bis ganz zuletzt,
und bleibt gefangen im eigenen Netz